EL PATRÓN ORO

El Retorno al "Dinero Ideal"

Iván Calderón

"El Oro auténtico, no le teme al Fuego".

PROVERBIO CHINO

CONTENTS

Title Page
Epigraph
¿Para quién es un Brief Look?
A manera de síntesis   1
Una breve Historia de la Economía   2
¿Qué es el salario?   9
Avistar un unicornio   15
La resurrección áurea   20
¿Qué es una Crisis Sistémica?   23
¿Qué tiene el Oro que no tenga el Bitcoin?   26
¿Es útil el Patrón Oro?   29
El Default NINJA   31
¿Qué es realmente el Sueño Americano?   36
El "dinero ideal"   39
Sobre el Autor   42

Autor: **Iván Calderón**.
Diseño de Portada: **Iván Calderón**, with Freepik: Freepik: Free Vectors, Stock Photos & PSD Downloads and Inkscape: https://inkscape.org/ /
Contacto: lit3rario@gmail.com

Queda prohibida la reproducción total o parcial de la obra, a través de cualquier Forma, Medio o Formato, sin el permiso previo y por escrito del Autor.

¿PARA QUIÉN ES UN BRIEF LOOK?

El término Brief Look, es un anglicismo que se utiliza para designar la elaboración de un documento escrito, contentivo de "una mirada breve y especializada" en torno de un determinado tema. En el caso que nos convoca, el autor se enfoca en crear una Síntesis Conceptual que permita trazar un Mapa Cognitivo, en torno de la denominada Cuarta Revolución Industrial. En tal sentido, se presentan una serie de Documentos Literarios Esenciales que bajo la denominación Brief Looks, pretenden colaborar con el desarrollo de un nuevo Modelo de Autoaprendizaje para el joven lector de habla hispana, en un también nuevo contexto postglobal, globalista y supranacional.

A MANERA DE SÍNTESIS

El dinero, se explica a sí mismo a través de su "utilidad"; es, por lo tanto, un medio de aceptación generalizada y útil para el intercambio indirecto de bienes que funge, también, como Depósito de Valor y Unidad Contable. El "buen dinero", debe tener un "valor" estable, debe ser "deseado" en muchas partes y por muchas personas; así mismo, sus costes de transferencia deben ser cercanos o estar en cero. El presente trabajo, pretende proveer una aclaración de los aspectos más importantes de la Teoría Monetaria, el Ciclo Económico y la Creación de Dinero, por cuanto, estamos a las puertas de una recesión inminente que ha de recrudecer a partir del venidero año 2021; en consecuencia, habrá un replanteamiento de la Política Monetaria en todos los Estados Nación, dentro de un nuevo ecosistema "híbrido"; donde las criptomonedas, serán esas nuevas formas dinerarias que llevarán a los bancos centrales a un proceso de transformación que ha de implicar, muy probablemente, la absorción de gran parte de la actual banca comercial. Estaríamos, además, ante la extinción progresiva de las Divisas Nacionales que comenzará por la pérdida paulatina e irreversible de su "poder"; esto, gracias a la integración de la tecnología Blockchain con el Oro, como el nuevo Anclaje de Valor de la Economía 4.0.

UNA BREVE HISTORIA DE LA ECONOMÍA

Para abordar la Economía como tema de estudio histórico, es menester remitirnos al Pensamiento Clásico; por cuanto, es en la Grecia Antigua y en la figura de Aristóteles, donde encontramos uno de los primeros intentos por "pensar", sobre aquello que la actividad económica debería "ser o no ser". Hablamos así, de una de las mentes más grandes y privilegiadas de la historia de la humanidad; tanto por su producción filosófica, científica y sobre todo, por el profundo talante ético de sus escritos. En el decurso de sus textos, el Estagirita llama al ser humano a vivir de acuerdo con lo "mejor" de su condición; no obstante, en términos económicos, Aristóteles hablará de las "posesiones con Alma", para referirse a los esclavos. En las antiguas Ciudades Estado, como Atenas, las actividades económicas básicas, fueron la agricultura y el pastoreo de autoconsumo y los esclavos, la fuerza de trabajo principal; eran pues, estas "posesiones con Alma", quienes producían las piezas de alfarería, los tejidos, los utensilios en metal o madera que circulaban por un mercado, aún débil. En aquella época, no existían los salarios, ni mucho menos, una teoría de precios; no obstante, aquí se observó y abordó por primera vez, el Hecho Económico.

Con posterioridad, vendría Roma a ocuparse de los asuntos de la economía; con un particular énfasis en la *Idea de Propiedad*.

Su gran aportación, fue el *Derecho Romano* que dio identidad y sentó las bases teóricas para el advenimiento de la *Propiedad Privada;* una *idea* que para nosotros, hoy día, es tan "natural" como respirar, mas, viene a ser en realidad, una *abstracción* de la mente humana que decanta en una sofisticada *Forma de Poder Jurídico* que un "individuo", tiene sobre una "cosa". Esta nueva manera de concebir la "posesión individual" y hasta "natural" sobre "algo", fue la base para el futuro desarrollo tanto de la *Cristiandad*, como del *Capitalismo* y de una visión "moral" de la *Economía*.

Durante la *Edad Media*, eran los *Campesinos* quienes cultivaban sus propios alimentos, hilaban sus propias prendas de vestir y daban a los señores feudales una parte de su producción. La *Idea de Mercado*, era aún débil, mas, para esa época fue el Filósofo Tomás de Aquino; quien retomó los postulados de Aristóteles y desde allí, analizó la *Idea de Equidad en el Precio de los Bienes*. Se habló así, por primera vez de un "precio justo" como una obligación religiosa y el quebrantamiento de este mandato, implicaba arder en el infierno. Como puedes notar, desde Grecia y Roma antiguas hasta la Edad Media, la Economía tuvo un fuerte fundamento ético.

Con la caída de Constantinopla en manos de los turcos otomanos, acontecida el 29 de mayo de 1453, según el calendario Juliano, asistimos al final de la *Edad Media* y al nacimiento del *Mercantilismo*. Con la tradicional ruta comercial hacia la India cerrada, Europa se "echa al mar" y es España, la encargada de arribar a nuevos territorios, allende la mágica cosmovisión de la época. Algunas teorías históricas contemporáneas, cuestionan la legitimidad de la figura histórica de Cristóbal Colón y llegan, incluso, a afirmar la existencia de rutas previas de navegación que fueron trazadas por los Vikingos, los Portugueses y hasta por los maestros geománticos chinos; en todo caso, haya sido un "descubrimiento", un "encuentro" o una "invasión", mucho más allá de las leyendas "blanca" y "negra" que recubren a la Hispanidad, es entre los siglos XV y mediados del XVIII, cuando Europa se lanza a la conquista de nuevos territorios de ultramar, en procura de Materias Primas y así, es como nacen los Mercados.

Esta misma, es también la época de la consolidación de los

Estados Nación, a partir de la acumulación de Oro y otros metales y bienes preciosos. A tal punto, hubo de influir el Oro y la Plata que llegaban en abundancia a Europa, desde las nuevas minas americanas que fue el factor de apalancamiento de las economías europeas y además, el principal responsable de la llamada "revolución de los precios" que consistió en la primera experiencia de *Hiperinflación* en territorio europeo.

Durante esta época, en la mayoría de los, para ese entonces, nacientes *países* de Europa, la producción se dedicaba por completo a la exportación y de allí, los salarios eran en extremo bajos. Thomas Mun, sería uno de los prístinos economistas, conocido como "el último de los primeros mercantilista"; quien, como una muestra de apoyo contundente al naciente *Capitalismo Mercantil,* habría de promulgar por un *"salario que les permitiera subsistir",* a los trabajadores, *"y así, ser menos ociosos y más productivos".* Mun, destacaría el papel del *Comerciante* en el auge del naciente *Sistema Capitalista,* en su *Fase Mercantilista* y habría de dejar como legado a todos los *Comerciantes* que le sucederían, una serie de ideas y recomendaciones para alcanzar el éxito que aún hoy día, tienen mucha vigencia. Se cuentan también, entre los intelectuales y precursores del *Mercantilismo* a François Quesnay, Víctor Riquetti y Robert J. Turgot.

A mediados del siglo XVIII, surge en Francia la *Fisiocracia;* una escuela de pensamiento económico contraria al *Mercantilismo* que si bien, tuvo poca influencia al momento de "ver la luz", al día de hoy, es uno de los antecedentes históricos más importantes del *Liberalismo Económico;* por cuanto, son los *Fisiócratas* quienes dan a la *Economía* un nuevo "enfoque político", donde no tiene cabida la *intervención* y *regulación* del *Estado.* Así mismo, los *Fisiócratas* creían que la *Agricultura* era la única fuente económica "segura", debido a su capacidad natural para generar excedentes; hablan pues, de la *Producción Neta* que se contrapone con la *Producción Estéril* de las nacientes fábricas, cuyos productos, según ellos mismos, no tienen la versatilidad reproductiva de las semillas. *Le Tableau Économique* de François Quesnay, describe un *Modelo para la Economía de las Naciones,* según el cual, la *Sociedad* se divide en

tres clases:
1. *Propietarios de la Tierra*, compuestos por los *Aristócratas* y el *Alto Clero*.
2. *Trabajadores "Estériles"*, como lo serían los *Artesanos* y *Mercaderes* y
3. Los *Trabajadores Productivos*, como los *Agricultores*, *Pescadores* y *Ganaderos*.

Este modelo, prevé un flujo de mercancías basado en la "circulación sanguínea"; se trata de un tipo de "equilibrio económico estacionario" y además cerrado, en el cual, no existe una distinción clara entre *factores productivos* y *bienes producidos*. En todo caso, la importancia de esta obra radica en que es un primer intento, formal y serio, de proveer de un *esquema lógico* a un *modelo económico*.

Durante el denominado *Siglo de las Luces*, ocurrieron acontecimientos muy importantes que le dieron un nuevo enfoque a la *Economía;* es la época en la cual, se da inicio a la divulgación de grandes tratados políticos y filosóficos, entre ellos, destaca una investigación sobre la *Naturaleza y Causas de la Riqueza de las Naciones*, del Filósofo escocés Adam Smith; a partir de la cual, nacerá la *Escuela Clásica de Economía* que también, es la primera escuela moderna. Es aquí, donde se habla de la "mano invisible" que regula el *Mercado* y que era la "guía" de cada persona, en la búsqueda de su propio interés; con lo cual, beneficiaba también al interés de toda la comunidad: *"Podemos pensar que el Panadero, el Carnicero o el que hace Cerveza, entregan sus valiosos productos con el único interés de ganar dinero, pero al hacerlo"*, nos dice el señor Adam Smith, *"atienden también a los intereses de todos los demás"*. En términos más simples:

Las cosas llegan al consumidor final, porque alguien espera ganar dinero con ello.

La *Escuela Clásica*, consideró la *División del Trabajo* como una forma muy eficaz de incrementar la producción; pese a que algunas de sus ideas se estancaron y perdieron vigencia, otras, como el *Laissez Faire* "dejen trabajar libremente", siguen bastante presentes al día de hoy. Junto con Adam Smith, destacan en la *Escuela*

Clásica, las figuras de David Ricardo y Thomas Malthus.

El *Marxismo* no fue, en lo absoluto, la "respuesta histórica" a la *Escuela Clásica de Economía;* sencillamente, Karl Marx hubo de ser un espectador de "primera fila", de los nefastos efectos que la *Primera Revolución Industrial,* tuvo sobre la *Clase Trabajadora* y constató así, de primera mano, cómo los obreros recibían un salario paupérrimo que les proveía, a ellos mismos y sus familias, una alimentación deficitaria y una vida sumida en la más inicua de las miserias y menos aún, obtenían beneficios sobre la Producción. Sin embargo, Marx llegó a antagonizar con la *Escuela Clásica,* al considerar que sus postulados carecían de sustento histórico; en tanto afirmaban que las *Mercancías,* el *Dinero* y el *Comercio,* eran "cuestiones naturales" y no una consecuencia directa del desarrollo histórico y social de la humanidad: *"La Sociedad Capitalista",* nos dice Marx, *"está conformada por dos Clases Sociales, como lo son, los Capitalistas y los Obreros, cuyos intereses son irreconciliables".*

En su obra, Marx, analizó
1. Las Bases Económicas de la Sociedad Moderna.
2. El Modo de Producción Capitalista.
3. La Formación y Lucha de Clases.
4. Y las Leyes que rigen el Desarrollo Histórico de la Economía.

Sin embargo, Marx coincide con los "Clásicos", al asegurar que el *Trabajo* es la única *Fuente de Valor,* mas, en su caso, distinguió la *Plusvalía* como la parte del *Trabajo del Obrero,* de la cual, se "apropia" el *Capitalista.* Así mismo, Marx, aseguró que el *Capitalista,* en busca del incremento de sus *ganancias,* invertía esta parte de la *Plusvalía* en el desarrollo de tecnologías que a la postre, habrían de desplazar al *Obrero* de sus labores manuales; dando paso al, por él mismo denominado: *"Ejército industrial de reserva"* que a su vez, era el responsable de la reducción de los *Salarios* y de la subsecuente generación de miseria. Por otra parte, la *Tecnología,* al impactar los *Salarios,* disminuía el *Consumo;* al tiempo que incrementaba en el *Mercado* los *Bienes* producidos.

Con posterioridad, diversos pensadores, en distintos países y casi a un mismo tiempo, se dieron a la tarea de analizar el

Comportamiento del Mercado y de los Precios; muchos de ellos, coincidieron en sus ideas y crearon la *Corriente Neoclásica*. Además de la *Investigación y la Introducción del Pensamiento Científico en la Economía*, los "Neoclásicos" manejaron un nuevo tipo de "optimismo" que les permitió apropiarse de "la fe en el progreso" y confiar en las "bondades de sus resultados". Los "Neoclásicos", fueron los primeros en aplicar el *Análisis Matemático a la Economía* y aseguraron que los "individuos" hacen "elecciones racionales", a fin de obtener un mayor beneficio; sean estos, *Consumidores* o *Productores* y esto, favorece al *Mercado*. Para la *Corriente Neoclásica*, la *Competencia* es un aspecto fundamental de la producción y los mercados; el *Vendedor*, siempre "querrá ganar más", en tanto el *Consumidor* ha de pretender, siempre, "pagar menos". Con la *competencia*, la *Oferta* y la *Demanda*, alcanzan un nivel de *Precios* que da equilibrio a las expectativas de ambas partes.

Para los "Neoclásicos", el *Mercado* "se las arregla solo" y los *Precios*, siempre se equilibran. Es como una modernización de la "mano invisible" de Adam Smith. Fueron ellos, quienes vieron como perniciosa, la existencia de *Monopolios*, así como también la intervención del *Estado*. Durante los años veinte del pasado siglo XX, la *Corriente Neoclásica* comienza a recibir severos cuestionamientos, por su limitada capacidad de respuesta ante los problemas reales de la economía. Recordemos que, para finales de esa misma década, es cuando sobreviene el *Crack Financiero*, la caída en la producción y el desempleo masivo, lo cual, marcó su desgracia. Mientras todo colapsaba, ellos sostenían que el Mercado "se arreglaría solo", sin necesidad de la intervención del *Estado;* no obstante, en 1929 la *Economía Mundial* colapsó y fue entonces, cuando sobrevino la *Revolución Keynesiana*. Pocos años después de *La Gran Recesión*, John Maynard Keynes publica su obra: <u>Teoría General de la Ocupación, el Interés y el Dinero</u> que da inicio a la "Revolución Keynesiana". Keynes, dirá que el *Mercado* por sí mismo, no tiene la capacidad para arreglar sus desajustes y por lo tanto, el *Estado* debe intervenir y dirigir la *Economía* a través del *Gasto Público;* como, por ejemplo, la construcción de grandes obras. En un primer momento, las ideas keynesianas encontraron una fuerte resistencia entre los principales economistas estadounidenses; no obstante, con el paso del tiempo fueron aceptadas y siguen vigentes hasta la actualidad.

Después de la Crisis de 1929, la *Corriente Neoclásica* reformula su *Pensamiento* y establece aquello que se conoce como: *La Síntesis Neoclásica*. En el transcurso del pasado siglo XX, surgen nuevas corrientes como la *Escuela Monetarista* que estuvo liderada por Milton Friedman; para quien, la *Inflación es un Fenómeno Monetario* y por lo tanto, propuso regular la cantidad de dinero en circulación, a fin de lograr controlarla y adaptó a la modernidad, una muy antigua teoría del dinero: "En el largo plazo", nos decía el profesor Friedman, "*las variaciones en la Oferta de Dinero, influyen en el nivel general de los Precios, pero no afectan ni a la Producción, ni al Empleo*". Al día de hoy, encontramos otras corrientes de pensamiento económico, como la *Escuela de Chicago*, las *Expectativas Racionales* o los *Post-keynesianos*, mas, no existe un "líder"; dado que el debate siempre ha de continuar, en tanto los desequilibrios de la *Economía*, nos sigan tomando por sorpresa. *El Pensamiento Económico es, en su más pura esencia, un modo de inferencia que busca anticiparse a los problemas económicos, desde la búsqueda de nuevas formas de equilibrio.*

¿QUÉ ES EL SALARIO?

El salario, es "el pago en dinero" que recibimos a cambio de nuestro Trabajo. Por lo general, para que el "trabajo asalariado" sea posible, deben existir una serie de "funciones repetitivas" que se han de "cumplir como instrucciones", mes por mes; no obstante, el salario en su más pura esencia, no tiene nada que ver con el trabajo, tal como lo concebimos al día de hoy. De hecho, son pocas las personas quienes, en verdad, saben cómo ha llegado hasta nuestros días el salario y menos aún, de dónde proviene su real valor. El salario, está presente en la historia de la humanidad, desde los más ancestrales tiempos; fueron los Romanos, quienes le dieron el nombre de "salario", debido a la "porción en sal" que cobraban los Legionarios, como una parte de su paga. Nótese cómo, para la época del imperio romano, el "salario" era una forma de pago que tenía un muy alto "valor intrínseco" y no era, en consecuencia, muy accesible para la gran mayoría de las personas.

Dada la enorme importancia que tenía la sal en la conservación de la carne, al parecer, el rango social "más bajo" donde circulaba este blanco mineral sedimentario que se forma por la evaporación del agua salada, era el de los Legionarios que, al día de hoy, serían equivalentes a los Marines estadounidenses. De este modo, eran tan sólo los integrantes de un cuerpo de soldados "élite" que Roma enviaba a sus "Provincias", quienes tenían acceso a esta *remuneración* de tan alta estima y valor. Con posterioridad a la caída del Imperio Romano de Occidente y una vez instaurado el subsecuente régimen Feudal, la condición y figura del salario, cambió de manera radical. En este caso, se trataba ya de un régimen de producción "servil"; en el cual, el sistema de pagos dependía de una asignación de tierras que el Señor Feudal, le otorgaba a cada uno de sus "Siervos de la Gleba"; a fin de que la trabajasen y sustrajeran, además de su precario sustento, una buena porción para sus arcas personales.

Aquí, era el "siervo" quien "trabajaba"; no obstante, le proveía una suerte de "salario nobiliario" al señor feudal. Sin embargo, durante el mismo periodo, en las nacientes ciudades las condiciones de vida son muy distintas; debido a la consolidación progresiva de una Clase Artesanal independiente que para proteger su trabajo y sobre todo, sus "saberes", se agrupan, según sus respectivos oficios, en asociaciones llamadas *Gremios*.

Con el paso del tiempo, serán los *Gremios* los encargados de decidir "cómo" y en "cuáles condiciones", se ha de desempeñar un determinado trabajo; así como "cuánto" se debe "cobrar" por su realización. Sin embargo, a partir del siglo XVIII la forma de producir cambia de manera radical y por lo tanto, la "naturaleza del salario" muta por completo. Es la época en la cual, surgen la *Revolución Industrial* y el *Capitalismo;* de allí en adelante, incluso hasta nuestros días, todos los aspectos de la vida social humana, se han de regir por la *Producción Industrial* y el *Mercado;* nace así, el *Mercado Laboral*.

En una *Economía de Mercado,* el *Precio* de cualquier *Producto* surge de la interacción entre la *Oferta* y la *Demanda;* en el *Mercado Laboral,* aquello que se "oferta" es, como la llamaría Marx, nuestra *Fuerza de Trabajo* y el *Precio*, en este caso, es el *Salario* que además "cotiza", como cualquier otra "mercancía", entre quienes ofrecen su *Fuerza de Trabajo* y quienes "la compran"; creando así, un verdadero abismo de intereses y poder.

Durante buena parte del siglo XIX, en Europa y en especial en Inglaterra, trabajadores adultos y niños, realizaban sus tareas en condiciones infrahumanas; al tiempo que recibían un "Salario de Subsistencia" que les proporcionaba apenas lo mínimo, para poder vivir y trabajar. Fue una época de grandes ganancias para el sector empresarial, con un costo social en extremo elevado para

Europa. Mientras tanto, al otro lado del océano Atlántico, en los Estados Unidos y a comienzos del pasado siglo XX, surge un nuevo modelo socio-productivo que transforma por completo la "función del salario".

Se hace referencia, a un *Modelo de Organización Fabril* que será conocido, gracias al insigne apellido de su fundador, el señor Henry Ford, como "Fordismo". Ford, provee al *salario* de una nueva "capacidad" que consiste en utilizarlo como un *Mecanismo para el Incremento del Poder de Compra de la Clase Trabajadora;* fue una manera bastante ingeniosa y hasta recursiva que tuvo Ford para "venderle sus propios productos", a sus mismos trabajadores y en forma *Masiva*. Es así, como el *salario* "cambia su función" en la *economía del siglo XX* y se convierte en un versátil *instrumento* para el *incremento* de las *ganancias* de los empresarios, a través de las *ventas*.

Hacia 1930 se desata una fuerte crisis financiera, tan sólo comparable con la que en la actualidad, año 2020, se encuentra en pleno desarrollo y que a partir del próximo año 2021, generará una aún más fuerte *Recesión Mundial*. Muchas empresas cierran y despiden a casi todos sus trabajadores, la *desocupación* se hace viral; el salario "fordiano" se derrumba, junto con las economías de los países industrializados y arrastra consigo a todo el sistema comercial de la época. Llegamos así, a la *Revolución Keynesiana* que propone una mayor intervención del Estado y en los Estados Unidos, la misma se hace patente, a través de un *Programa de Gobierno* que llevará por nombre: "El Nuevo Trato" -*New Deal*- y que indica cómo es el Estado, la entidad responsable de garantizar la demanda, a fin de impulsar la producción; sea, al crear empleo por cuenta propia o incentivando a las empresas privadas, a crear más puestos de trabajo y con ello, incrementar la masa salarial. Ya no es la "mano invisible" de Adam Smith; sino, más bien, un Estado "intangible" el que actúa para equilibrar las asimetrías del Mercado.

Ahora bien, para el año 1917 emerge en el oriente del planeta, un modelo de intervención estatal de la economía, basado en la aparente "protección" del salario de los trabajadores. Hablamos de la Revolución Bolchevique, en Rusia que aconteció para ese año y planteaba una "Economía Planificada"; en la cual, las Leyes del Mercado no intervienen y es el Estado, el ente que determina *qué, cómo y cuánto* se produce.

Así las cosas, en este nuevo modelo de una "Economía Planificada", todas las empresas se han de estatizar y/o nacionalizar y será el Estado, "quien" determina y paga los salarios. Este fue el sistema económico predominante en todos los países del Bloque Comunista, en Europa del Este y durante la *Guerra Fría* que luego se extendió por todo el sudeste asiático, hasta llegar a China; no obstante, en China este modelo "muta" a una especie de *Capitalismo Planificado;* en el cual, el Estado Comunista Chino determina las líneas de producción de la nación, según los requerimientos del *Mercado Mundial*. Esta es la razón por la cual, durante buena parte del pasado siglo XX, China se convirtió en "la fábrica del mundo". Ahora bien, retornando a la *Economía Planificada,* sus resultados no fueron los esperados; incluso, es la responsable directa de grandes hambrunas que arrasaron con más de cuarenta millones de seres humanos, en el Bloque Comunista. Más que una buena gestión económica, el *comunismo* ha tenido una impecable propaganda política que ha enmascarado un régimen corrupto, torpe y totalitario, en los logros de una mítica clase obrera.

Es con posterioridad al año 1945 y luego de la Segunda Guerra Mundial, cuando surge, en el occidente europeo y como un "contrapeso" al raudo avance del *Comunismo,* en la *Europa del Este,* el denominado *Estado de Bienestar*. Con el ingreso masivo de trabajadores en las nuevas industrias, junto a firmes *políticas de Estado*, se fortalecen los modernos herederos de los *Gremios;* es decir, los *Sindicatos*. Más que "heroicos logros de la clase trabajadora", los beneficios *laborales, salariales* y *contractuales* que vendrán de aquí en adelante y que agonizantes llegan hasta nuestros días, serán una consecuencia directa de la necesidad de "contener" el avance del *Comunismo,* al mantener "contentos" a los trabajadores de los países del *Bloque Capitalista*.

Surgen entonces:
- *Los Seguros de Salud.*
- *Las Pensiones.*

- *Las Jubilaciones.*
- *Las Indemnizaciones.*
- *Las Vacaciones Pagas.*
- *Las Asignaciones Familiares.*
- *Y los Seguros de Desempleo.*

Todos estos "beneficios", conllevan una nueva transformación en la *Función del Salario* que, en este caso, permite que se le articule como una *Herramienta de Crecimiento;* es pues, la época en la cual, nace el *Salario Mínimo* que asegura una "vida digna" para todos los *Trabajadores* y promueve, además, las nuevas *Contrataciones Colectivas* que el Estado "negocia", entre los empleadores y sus empleados. Sin embargo, es durante el periodo de postguerra, la misma época en la cual, el Estado fija el *Salario Mínimo* y promueve las *Contrataciones Colectivas,* cuando el *Poder Adquisitivo de los Trabajadores* comienza a ser "condicionado" y progresivamente "mermado" por el lógico deseo de los empresarios, de no ver sus ganancias disminuir. Desde entonces hasta nuestros días, cada nuevo aumento del *Salario Mínimo* se traslada de inmediato, a los *Precios Finales de Venta al Consumidor;* lo cual, en el largo plazo genera *Estancamiento* e *Inflación* en la *Economía.*

Hacia finales de la década de los años sesenta del pasado siglo XX, la combinación de *Estancamiento* más *Inflación*, desata, en un inicio en los Estados Unidos y en el Reino Unido, una nueva corriente político-económica que será conocida como el *Neoliberalismo* que propone como "solución" a la fuerte coyuntura, el retorno al *Libre Mercado;* con lo cual, se limita al máximo la intervención del *Estado* en la economía.

Es así, como a comienzos de la década de los noventa del pasado siglo XX, los beneficios otrora "conquistados" por la "heroica clase trabajadora", comienzan a desaparecer; el empleo industrial se contrae con fuerza, en tanto un nuevo sector servicios emerge, con empleos cada vez más escasos, selectivos y mucho más especializados. Para finales de esa misma década, ya el consumo se había desplomado en casi todo el orbe.

A lo largo de la historia de la humanidad, el salario ha mutado en su *forma, definición, valor* y *función* en la economía. Al día de hoy, como consecuencia de la *Automatización* y la *Robotización*, se encuentra en franca transformación, hacia una nueva *forma*, ya no de *pago* ni de *retribución laboral,* sino que se ha de convertir en un "ingreso" que además será "mínimo" y tendrá carácter "vital". Se habla pues, del cercano advenimiento de una *Renta Básica Universal* que para nada tendrá que ver con las asignaciones de la *Seguridad Social,* del ya agónico *Estado de Bienestar Keynesiano.*

AVISTAR UN UNICORNIO

E l Sistema Capitalista que nos imbuye en este momento, nace a comienzos del siglo XIX y en el decurso de su desarrollo, ha configurado una serie de Modelos Económicos que luego entraron en crisis y así, lo han transformado. En tal sentido, para el año 1929 hubo de acontecer unas de las crisis más fuertes del Capitalismo; de carácter sistémico y que, de manera paradójica, es muy parecida en su estructura, a la actual crisis que comenzó durante este año 2020. Ahora bien, en el caso que nos ocupa, esta terrible crisis que apenas se inicia y que se hará más aguda durante el venidero año 2021, ha de dar paso a un nuevo Capitalismo; mucho más "inteligente", donde sistemas ciberfísicos en extremo sofisticados, crearán un nuevo Modelo de Productividad Industrial, al cual, se le conoce como Industria 4.0 y que con sus tecnologías exponenciales, convergentes y habilitadoras, creará una dramática ruptura, en nuestro modo de concebir el trabajo, la socialización y la misma vida. A grandes pinceladas, la Industria 1.0, basaba su operatividad en la Energía a Vapor; es ésta misma, la época del "Maquinismo". Al final del siglo XIX, la Industria 2.0 estaba basada en la Electricidad; la Industria 3.0 se basó en el Petróleo, la Electricidad y la Energía Nuclear. La Industria 4.0 y he aquí el punto de inflexión y severa disrupción, léase "ruptura", basa su operatividad en la Información. Es menester hacer notar cómo, las bases operativas de las otras tres industrias eran Fuentes Energéticas; si bien, la Industria 4.0 maneja nuevas fuentes de energía, mucho más sustentables y sostenibles, como el Hidrógeno y la Energía Solar, en su ecosistema ya todo "estará en marcha" y será necesario, más bien, "saber" implementarla en un contexto determinado. Con la Información, hablamos de una Fuente Energética No-degradable, no sujeta a Cambios que no genera Residuos y puede, además, viajar por el planeta entero en sólo segundos; es pues, una forma de "intangibilidad energética", con la cual, no habíamos tenido que "conectarnos", desde aquellos primeros encuentros estivales y medievales con Dios.

Así, la Industria 4.0 traerá un *Cambio* radical en nuestro modo de vida que se habrá de fundamentar, en la *Digitalización* constante de toda la *Información* que nos rodea; a fin de poder *Comunicarla como Valor*, por todo el planeta. Esta información "por el momento", estará en formato digital; no obstante, al día de hoy se investiga en la Reprogramación de Cristales, del ADN y hasta de las cadenas moleculares del Oro y la Plata como medios contenedores de Información; la "sostenibilidad", será la divisa de la Industria 4.0.

Durante las tres décadas finales del pasado siglo XX, quienes pudieron "vivirlas", con independencia de su circunstancia existencial, asistieron a la última etapa de expansión artificial del *Capitalismo Industrial*, sustentando sobre la *Deuda* y el *Consumo*. "Ser mejor que" y "tener más que", fueron los *mantras* de esta época que será vista, en el devenir de la humanidad, como una etapa de "insensatez" y "derroche" generalizado que nos llevó a perder nuestra identidad y conexión con el Cosmos; hasta llegar a alterar, incluso, el delicado equilibrio del planeta que nos contiene y da vida. Al día de hoy, es casi un consenso generalizado el que necesitamos un nuevo Sistema Económico; más que una "proposición", es una afirmación "contundente" que hacen los más altos organismos económicos internacionales, como lo son el Banco Mundial, el Fondo Monetario Internacional y hasta el mismísimo Foro de Davos y ahora, parece lógico preguntar:

¿Por qué les interesa y hasta urge tanto?

La respuesta podría ser: Porque la *Sociedad Global de Consumo* que sustenta el *Modelo Económico Mundial*, actualmente en vigencia, no es sostenible.

Estamos pues, ante un modelo económico de alcance planetario que se soporta sobre una economía "lineal"; en la cual, se extraen recursos naturales que son cada vez más escasos, a fin de crear productos para el consumo masivo que se "usan y desechan".

Se *Extrae, Fabrica, Distribuye*, se *Usa* y al final, lo único que se produce y prevalece es la *Basura*. Es, también, un sistema económico con desigualdades sociales tan insondables que en cada espacio del planeta donde se ha instalado esta forma actual de Capitalismo, predatoria de la naturaleza, se han generado niveles de pobreza, miseria y degradación del medio ambiente, nunca antes vistos. Es un sistema económico, cuya idea de "crecimiento" se basa en la aplicación poco menos que "delirante", del principio de *Obsolescencia Planificada;* lo cual, genera aún más desperdicios industriales, junto con productos que ni siquiera llegan a ser utilizados y, por ende, más basura. Además, el consumo no es "real", por cuanto se basa en la dotación de dinero digital, a través del crédito bancario y de la creación de deuda. En este sobrecogedor escenario mundial, surge a partir del año 2009 la Tecnología Blockchain que permite la creación de un nuevo tipo de Activo Digital que a través de Tokens programables, son innovadoras Representaciones de Valor Inteligente; a partir de las cuales, es factible construir nuevos modelos económicos, realmente sostenibles y con tendencia al ahorro.

Hablamos de un nuevo sistema económico que dará paso a una nueva y mucho más eficiente economía circular, colaborativa y enfocada en la producción de lo esencial. Será, además, una nueva y aún desconocida economía humano-máquina; donde el *Internet de las Cosas -IoT*, ha de transformar por completo todo nuestro entorno. Una nueva economía "inteligente y sostenible" que estará más allá de los actuales modelos de consumo masivo y cuyas transacciones de toda índole, tendrán costos cercanos a cero (0).

Será un Modelo Económico con nuevos incentivos ambientalistas que estará construido sobre Activos Digitales y Criptomonedas y donde los niños han de estudiar sólo aquello de "disfruten" y podrán compartir su aprendizaje con otros niños, desde cualquier parte del mundo y así, convertirse en los forjadores de su propio futuro económico.

La *Generación X*, fue un término acuñado por el periodista de nacionalidad canadiense Douglas Coupland, para referirse a esa camada de seres humanos que vio la luz en este plano, entre mediados de la década de los sesenta y comienzos de la década de los ochenta, del pasado siglo XX. Se le llama también la "generación Peter Pan" y es la cohorte demográfica que sigue a los *Baby Boomers* y precede a los *Millennials*.

Esta *Generación X*, sin duda, habrá sido con el paso de los siglos, el colectivo humano que mayores cambios tecnológicos, políticos, económicos y sociales habrá experimentado en su vida. Será la generación que, del *Atari*, saltó a la *Realidad Aumentada* y a la *Inteligencia Artificial*; del "teléfono de casa", tuvo que "descubrir el Internet" y luego ingeniárselas con el *smartphone*. Es, además, la generación que, durante su infancia, viajaría en la parte trasera "dando botes de lado a lado", de un singular vehículo de propulsión con hidrocarburos y que teniendo cien veces más potencia que un carruaje romano tirado por quinientos caballos a la vez, podía llegar a ser pilotado por un primate adulto en completo estado de ebriedad. Sí, la *Generación X*, como ninguna otra, pasará a la historia por ser aquella cuyos impávidos integrantes, tuvieron que adaptarse a la mayor cantidad de cambios socio-tecnológicos que jamás hayan impactado a otro grupo humano.

Esta generación, llegó a este mundo en un automóvil "bruto" que manejaban simios "brutos" y se irá en un automóvil "inteligente" que será, incluso, mucho más "listo" que los notables de su transmilenaria cohorte. Por su parte, la *Generación Z*, llamada también *Postmillennial* o *Centenial*, será la primera que contendrá en sus filas a "verdaderos nativos digitales", quienes, serán los diseñadores de sus propias finanzas y artífices de una nueva economía; donde, ellos mismos, en tanto "personas" y ya no los bancos comerciales, fomentarán un nuevo tipo de actividad económica que, al momento, no podemos siquiera llegar a imaginar.

El problema de mayor dimensión, lo tiene al día de hoy la generación Millenial; por cuanto, quienes la componen no sólo están recibiendo, básicamente, la misma educación de sus padres y abuelos, sino que, con esa misma educación tendrán que enfrentar la extinción masiva de los puestos de trabajo y de las "profesiones"; tal como las hemos venido conociendo y ejerciendo desde los últimos doscientos años. Salvo que den inicio, por cuenta propia, a un arduo proceso de transformación digital que se fundamenta en la introducción de la Ciencia de Datos en su vida cotidiana y formación profesional, los actuales integrantes de la generación Millenial, verán cómo, en poco menos de dos décadas la Inteligencia Artificial, literalmente, "arrasará" con todas aquellas profesiones que se fundamenten en el análisis de procesos lineales y la ejecución de tareas repetitivas.

Contadores, Médicos, Abogados, Ingenieros, Administradores, Operarios de toda índole, han de engrosar las filas de una nueva clase social, conocida al día de hoy como el Precariato; palabra que viene de la mixtura entre los términos "Proletariado" y "Precario" y que por el momento, designa a todos esos trabajadores temporales o estacionales que van de trabajo en trabajo, ya no vendiendo su "fuerza", sino su "alma"; a través de contratos temporales y por prestación de servicios. Entramos en una nueva era del empleo fugaz, caracterizada por una muy alta inestabilidad en el ingreso, aunada a una constante escasez; lo más fuerte de asimilar, es cómo la gran mayoría de estos "precarios" tendrán formación académica, serán incluso "profesionales en desgracia" que comenzarán a trabajar "en lo que salga" y al recibir un "ingreso precario", sólo podrán endeudarse para seguir pagando más deudas. Estamos pues, en el umbral del periodo donde el dinero en verdad "nunca ha de alcanzar" y donde el actual "empleo tradicional" será tan frecuente como el avistar un unicornio.

LA RESURRECCIÓN ÁUREA

El Oro es dinero, eso es innegable; ocurre, sencillamente que, por motivos geopolíticos, durante tan sólo una pequeña porción de la historia de la humanidad, fue dejado de lado como Dinero del Estado y Moneda de Curso Legal. El soslayamiento del Oro, como un referente prescriptivo de valor universal, a comienzos de la década de los años setenta del pasado siglo XX, ha traído una serie de crisis; siendo la más grave, en principio, aquella que ha de iniciarse durante el primer trimestre del venidero año 2021. Esta "crisis que vendrá", ha de poner "punto final" al dinero en su actual Forma Fiduciaria; así como a la Economía Inflacionaria que lo sustenta y finalmente, transformará por completo, el actual Modo Operativo del Sistema Capitalista. De este modo, parece pertinente comenzar por analizar:

- ¿Para qué es el dinero?
- ¿Cuál es su verdadera función?
- ¿Cuáles son las propiedades que caracterizan al "buen dinero"?

Así, llegaremos al punto en el cual, hemos de comprender: ¿Por qué el Oro, en algún momento de la historia de la humanidad, se convirtió en una "muy buena" Forma Dineraria?

El Oro, en tanto "bien económico" y "metal precioso", cumple con todas las funciones que se le asignan a una "buena forma dineraria"; en el decurso de la presente década 2020 - 2030, el Oro, muy probablemente, volverá a ser considerado "dinero"; a fin de poder estabilizar el enorme y por demás, nefasto desequilibrio económico que, incluso en la actualidad, genera la *Flexibilización Cuantitativa*. El *Oro*, es el *Valor* que sostiene la soberanía de las naciones y sus habitantes; prácticamente, sino se tiene *Oro*, al día de hoy, se pierde la dignidad nacional y humana. El *Oro* es, además, el mecanismo de ahorro por antonomasia y su "extirpación" de nuestra actual *Economía Mundo*, ha traído como consecuencia directa, la completa "perversión" del *Sistema Monetario Mundial* y de allí, nuestras recurrentes crisis.

El *dinero*, en las sociedades primigenias, muy probablemente, surge como una *"Forma de Comunicación que, con anterioridad a la Escritura, tenía como Función primordial, la de Comunicar Valor"*; esto, según uno de los conferencistas más prestigiosos al día de hoy, sobre el tema del *Internet del Dinero*, como lo es el señor Andreas Antonopoulos. El *dinero*, como forma socio-histórica, permitió la *Especialización Laboral;* lo cual, hizo que las personas se capacitaran, cada vez más, en un mismo oficio y así se logró, con el paso de los siglos, refinar la producción de bienes que luego, gracias a su alta calidad, podían comenzar a ser "intercambiados" por otros bienes y con otras personas; por lo general, desconocidas y que moraban en lejanas latitudes. Una sociedad donde "todos producen todo", se aleja de la eficiencia y tiende al colapso; para eso, están los *Mercados* que el Oro hace posible, pues, permiten no sólo establecer ámbitos específicos de fabricación, sino, además, de intercambio de productos que involucran una alta *productividad*. A manera de síntesis, podemos decir que el *Oro* como *Forma Dineraria*, muy probablemente, fue el *Factor* que permitió la *División y Especialización del Trabajo Humano*, hasta hacer factible la elaboración de *bienes;* cuya alta refinación y calidad, facilitó el comercio con otras tribus, en distantes ecúmenes.

Con el inicio del *Comercio*, surge la necesidad de "crear un bien para intercambiar todos los demás bienes" que debe ser, ante todo, *abstracto, portable, fungible* y sin las limitaciones *espaciales* y *temporales* que presenta, la *sal*, por ejemplo. Nace, en consecuencia, una nueva "mercancía", el *Oro;* la cual, comienza a ser "negociada", a fin de "atesorarla" y poder, además, "adquirir otras mercancías". Esta nueva "mercancía", no sólo provee una muy pertinente y eficiente *Función de Intercambio*, sino que resulta ser un inestimable *Depósito de Valor*. Con esto, el *Oro* ha podido actuar como la primera "mercancía líquida"; es decir que era "atesorable" y "vendible" con mucha facilidad. La *Liquidez*, se refiere a poder intercambiar una gran cantidad de mercancía, sin pérdida de *Valor*.

Es claro cómo, todos sabemos la enorme diferencia que existe entre comprar algo "al mayor" o de forma detallada. Incluso los bienes inmuebles, como las casas y apartamentos, si se quieren vender "de golpe", se les debe reducir su *Valor* de manera considerable, ni hablar de los automóviles, las prendas de vestir y hasta los alimentos; ahora bien, esto es algo que no ocurre con el *Oro*. Así, la principal "virtud" o en términos computacionales, el *atributo* más importante del *Oro* que el *Bitcoin* supo "clonar" con maestría, es su "capacidad" para poder ser transaccionado, en calidad de "bien masivo" y sin tener que aceptar descuentos unitarios en su *Valor*.

En un ecosistema económico donde cada individuo, como bien lo señala el teólogo, economista y filósofo moralista, señor Adam Smith: *"Tiende al egoísmo, la violencia"* y de este modo, *"busca su propio beneficio"*; el *Oro*, en tanto *Mercancía Líquida*, logra establecer un "beneficio generalizado" que permitirá, incluso, mediar con las complejas y múltiples *Formas del Conflicto y la Violencia Social*. Decir que el señor Adam Smith fue el "último teólogo de Occidente", puede ser una grandilocuencia; sin embargo, cuando ahondamos en sus textos, es posible intuir que la "Mano Invisible", es para el señor Smith, muy en lo profundo, la "Mano de Dios". El señor Adam Smith nos enseñó que en la medida como las demás especies animales alcanzan la madurez, tienden a una "forma de independencia" en su estado natural; de la cual, los humanos no gozan. De manera permanente, los humanos necesitamos de nuestra ayuda mutua y en palabras del señor Smith: *"Le resulta inútil, esperarla de su benevolencia; es más probable que la consiga, si puede dirigir en su favor el propio interés de los demás"*.

¿QUÉ ES UNA CRISIS SISTÉMICA?

En el ámbito de las Finanzas, se habla de dos tipos de Riesgo:
1. Riesgo Individual y
2. Riesgo Sistémico.

Una persona o empresa, puede asumir un tipo de riesgo "individual" cuando decide hacer unas inversiones, sobre las cuales, no tiene mucha información o desconoce las características del rubro o mercado; por ejemplo, imaginemos que tenemos un colega con una inmobiliaria y durante una fuerte contracción de los alquileres y las ventas, decidimos comprarle acciones de su empresa o invertir en un determinado desarrollo urbanístico. Supongamos que la empresa inmobiliaria de nuestro colega quiebra, pues, como es lógico tanto él mismo como nosotros, debemos asumir las pérdidas; sin embargo: ¿puedes imaginar la posibilidad, ante dicha quiebra, de salir a la calle y descargarle la responsabilidad y las deudas, tuyas y de tu colega, a cualquiera que pase por la calle?

Bueno, por muy alucinante y hasta "absurdo" que te parezca; eso mismo, es cuanto vienen haciendo desde el año 2008 y aún al día de hoy, los bancos comerciales.

Como su nombre lo indica, el *Riesgo Individual* sólo afecta a la persona, natural o jurídica que asume una inversión de manera "individual"; el actual problema financiero mundial, surge cuando los bancos comerciales comienzan a "compartir" la responsabilidad de sus malos manejos y así, se hacen "sistémicos". Al día de hoy, la "mala actividad financiera de un banco comercial", sencillamente, se puede "contagiar" a otros bancos comerciales; sobre todo si se trata de un verdadero "monstruo bancario", como lo fue el caso de Lehman Brothers. Hablamos de instituciones en extremo poderosas y muy bien relacionadas que, al verse ante una posible quiebra, pues, dejan de pagar a sus acreedores que suelen ser otros bancos comerciales más pequeños. Con la descompensación que origina la ausencia de los pagos, los ahorristas de los pequeños bancos comerciales entran en pánico, deciden retirar todo su dinero de las cuentas y así, comienza una Crisis Sistémica.

La Crisis Bancaria Sistémica del año 2008, tuvo su fundamento en que, si bien los pequeños bancos comerciales de todo el mundo, no habían "tomado la decisión" de prestarle dinero a personas insolventes en los Estados Unidos, sí tuvieron que "compartir" la deuda y luego la quiebra, de los grandes bancos comerciales estadounidenses que eran los verdaderos responsables de tan inapropiado proceder. A diferencia de otras actividades empresariales, cuando un banco comercial llega a ser muy grande y muy influyente, comienza, también, a representar un Riesgo Sistémico"; debido a que, con una situación de insolvencia, impactará de manera ineluctable al resto del sistema financiero. Así, las frases *Riesgo Sistémico* o *Crisis Sistémica*, se han utilizado indistintamente, en el contexto de la crisis económica actual, como una "puerta" que permite a los gobiernos, ejercer la muy poco heroica actividad de "rescatar bancos".

Vale entonces, preguntar:

¿Por qué no se "rescata", con el dinero de los impuestos, a los microempresarios, al tejido social campesino, a los maestros o a los médicos?

La respuesta es: Porque ellos, no representa un riesgo sistémico; si se cierra una peluquería, no ocurre los mismo con todas las demás; si un bar, una tienda de ropa o un pequeño hotel quiebran, esto no se "extiende" a todos los demás bares, tiendas de ropa y pequeños hoteles; en tanto, con los bancos no ocurre lo mismo y como si fuesen conejos o pollos en un inhóspito corral, si uno se "contagia" con "algo", de inmediato se hace "viral". Los bancos comerciales, a diferencia de las otras empresas privadas, tienen la inobjetable ventaja de ser las entidades generadoras de crédito; de allí que también, este "factor" contribuye con la configuración del Riesgo Sistémico. Si bien, todo lo expuesto puede tener algo de "sentido", ocurre que el Riesgo Sistémico como "argumento" de los gobiernos, se ha utilizado de manera bastante "irracional". Además de "rescatar a los bancos", las autoridades en buena parte del mundo han inducido a los bancos comerciales a fusionarse y con ello, hacerse más "sistémicos" y de manera paradójica, mucho más fuertes y...

¿Cuál es la paradoja?

Se halla en que si, supuestamente, cuanto hace que los bancos sean "riesgosos" y "rescatables" es su "gran tamaño": ¿Por qué, con los "rescates", los gobiernos los "hacen más grandes", en lugar de reducir sus funciones y alcance social?

La respuesta a la anterior pregunta es compleja, profunda y en todo caso, cuanto nos importa sustraer, llegado el punto, es que al día de hoy, los bancos comerciales son aún más grandes y de allí, más "sistémicos"; con lo cual, el problema de la actual crisis de exceso de oferta monetaria y deuda, en lugar de arreglarse, se ha empeorado. La Crisis Sistémica que dio inició en el año 1929 en los Estados Unidos y que se le conoce como "La Gran Depresión" o el "Gran Crack", no pudo ser solucionada sino hasta el año 1950; es pertinente, tener en cuenta esto y asumir que el mundo cambió y debemos adaptarnos o perecer, también de manera "sistémica".

¿QUÉ TIENE EL ORO QUE NO TENGA EL BITCOIN?

Durante buena parte del pasado siglo XX, la Suspensión del Patrón Oro permitió que los Estados más poderosos de la comunidad mundial, imprimieran todo el papel moneda que necesitaban para financiar sus guerras; destacando entre todas ellas, la denominada Guerra Fría. Como consecuencia directa, al día de hoy debemos afrontar una terrible Crisis Sistémica que ha de desencadenar en "otra Gran Depresión", con características bastante similares a la iniciada durante el año 1929; no obstante, con particularidades tecnológicas de índole "exponencial" que, en gran medida, la diferenciarán de aquella. Por lo tanto, al hablar de las Tecnologías Exponenciales de la Industria 4.0, nos referimos a un tipo específico de tecnologías que se desarrollan con un ritmo de crecimiento, capaz de incrementarse en el tiempo, según una escala organicista; por ejemplo, el número de células de un embrión, mientras se desarrolla en el útero materno, describe una "curva de crecimiento" que es "exponencial"; por cuanto, si bien está "elevada a la n", la "magnitud" que el embrión puede alcanzar, estará siempre "contenida" dentro de un sistema finito. Tal definición, ciertamente, da para mucho por disertar, mas, en el caso que nos convoca hemos de continuar y agregar cómo, otra de las características fundamentales de las Tecnologías Exponenciales de la Cuarta Revolución Industrial, la hallamos en cómo estas mismas tecnologías, son además Habilitadoras de Información. Es así, como se habla de las Tecnologías Exponenciales y Habilitadores de Información en la Industria 4.0 que tienen como vínculo común, la "digitalización"; es decir, en la Cuarta Revolución Industrial, "todo", léase bien, "todo", incluso la secuencia molecular del Oro y hasta el ADN humano, puede y, de hecho, llegará a ser:

1. *Digitalizado.*
2. *Manipulado.*
3. *Copiado.*
4. *Pegado.*
5. *Cortado.*
6. *Editado.*
7. *Compartido.*

Tal cual, como los diseñadores gráficos lo hacen al día de hoy, con una fotografía o un texto. Todo esto, debido a la altísima capacidad de Poder de Cómputo que ofrece la Industria 4.0 y que, a partir de la Ley de Moore, crece también con un "ritmo exponencial".

Aclarado lo anterior, es importante analizar:

¿Qué sucedería si durante la Cuarta Revolución Industrial, gracias a alguna inesperada Innovación Exponencial, la Oferta de Oro llegase a superar a la Demanda?

Más allá de entrar en los nebulosos predios de la Ciencia Ficción, responder a esta pregunta, implica llegar a contemplar una "cualidad" que sí tiene el *Oro*, mas, no así *Bitcoin*.

Vale aclarar que *Bitcoin* es el *Anclaje de Valor* de una economía con tendencia al ahorro que toma elementos de la actual economía fiduciaria, los refina y aplica en un nuevo ecosistema. Por lo tanto, cuando la *Oferta de Oro* supere la *Demanda para un Precio* dado, dentro de este nuevo ecosistema industrial 4.0, donde "cualquier cosa puede pasar", el *Precio del Oro,* como es lógico caerá y sobrevendrá una etapa de *Inflación de Precios.*

Sin embargo y esta es la "cualidad" que "no tiene Bitcoin",

como el *Oro* cuenta con "usos No-monetarios", es decir, tiene *Valor* en otros ámbitos como la *Ciencia* y la *Tecnología* y en general, en todo aquello que tenga que ver con "conductividad" de información y energía; el que el Oro "valga menos en el Mercado", equivale a decir que el "uso no-monetario del Oro, se ha abaratado" y por lo tanto, se le puede dar una mayor aplicación en otros ámbitos como la *Ingeniería Aeroespacial*, las *Ciencias de la Computación*, la *Robótica*, etcétera.

En los albores del comienzo, del principio del inicio de esta Cuarta Revolución Industrial: ¿Podemos imaginar un futuro, no muy lejano, en el cual, una nueva especie de "terroristas biofinancieros", logren desarrollar una nueva tecnología que permita replicar y reproducir el Oro? Y, además: ¿Cómo afectaría algo así a la economía de ese momento?

Llegado el caso en el cual, el *Oro* "fuese sobreabundante" y los *Precios* cayeran; emergería de inmediato, dadas las características intrínsecas de la Cuarta Revolución Industrial, una fuerte tendencia a adquirir *Oro* para usos *tecnológicos*, *industriales* y sobre todo, comprometidos con un nuevo tipo de *robótica colaborativa* que implicará el desarrollo de una muy alta conectividad neurofisiológica y de allí, un nuevo tipo de autómata "áureo".

¿ES ÚTIL EL PATRÓN ORO?

El Patrón Oro, es un "recurso histórico" que la humanidad ha utilizado durante milenios, como una forma dineraria y un anclaje de valor, capaz de garantizar el equilibrio de las economías y así, permitir la especialización del trabajo humano y el nacimiento del comercio "más allá de la tribu". El Oro, es una forma dineraria que basa sus funciones de intercambio de productos, en la estabilización de los precios. Es, además, una forma dineraria con "valor intrínseco" que goza de "aceptación universal" y tiene un "valor atesorable" y una condición "preciosa" que lo hace ir mucho más allá del papel moneda y de las mismas criptomonedas, cuando se trata de estabilizar una economía. La Moneda FIAT no puede, por su misma naturaleza, ser un mecanismo de estabilización económica; su problema básico, se arraiga en la ausencia de un Índice de Precios Agregado que sea realmente "objetivo"; es decir que pueda llegar a ser "el único válido". Un caso tan representativo como alucinante de lo aquí expuesto, lo vemos en la manera como en Venezuela, al día de hoy, el estado maneja una doble tasa cambiaria; existe, además, un mercado paralelo del dólar que ya está absorbiendo a la economía nacional y lo más increíble, es que existen cuentas personales en redes sociales como Instagram y Facebook que influyen en el precio del par bolívar-dólar estadounidense y hasta logran especular. Más allá de la innegable utilidad de la Estadística, el Índice General de Precios es, sustancialmente, arbitrario. El Patrón Oro, hace que los Precios de la Canasta Familiar o de la Compra Básica de los Trabajadores, se abaraten; según las interacciones relativas de los Agentes del Mercado, es decir, el Patrón Oro sostiene el Salario Real del Trabajador. Con el Patrón Oro, los Precios se "abaratan en red"; en el caso de la Moneda FIAT, la inclusión de los Precios es arbitraria y puede haber Deflación en unos casos, así como Inflación en otros. La Moneda FIAT se inserta en el Tejido Social Productivo, a través de la Creación de Deuda y su gasto, genera sendas "ondas de inflación".

Los *Activos Reales*, son aquellos que corresponden a bienes físicos tangibles, cuyo "valor" no se "descarga" sobre otra "cosa"; es decir, los *Activos Reales*, como es el caso del Oro y del mismo Bitcoin, tienen "valor por sí mismos", frente a los *Activos Financieros* que tienen "valor", por aquello que "representan". Así las cosas, el *Oro* es el único *Activo Real* que permite la creación de un "patrón monetario", capaz de impedir que la *Oferta Monetaria* aumente de forma exponencial y así, evita la *Inflación.*

Con el ajuste de la *Oferta Monetaria* al *Patrón Oro*, se estabilizan los *Precios de los Bienes ante el Consumidor Final;* dado el caso en el cual, la *Demanda de Oro* haya de superar la *Oferta* para un determinado *Precio,* pues, el *Precio del Oro* aumenta y la *Producción de Oro* se hace mucho más *Rentable.* Si se da el caso contrario, en el cual, la *Oferta de Oro* supera la *Demanda* para un *Precio* dado, el *Precio del Oro* cae; no obstante, los *Usos No-Monetarios que el Oro tendrá en la Cuarta Revolución Industrial,* lo han de sostener e incluso potenciar como *Depósito de Valor* y, además, lo convertirán en una de las inversiones más estables y rentables. Tanto el Bitcoin como la Moneda FIAT, tienen serias limitaciones estructurales para poder lograr este tipo de cometidos; por cuanto, no cuentan con *Índices de Precios* verdaderamente objetivos y que no se vean afectados por la especulación o las malas decisiones de los gobiernos. El *Patrón Oro,* permite una Gestión Monetaria mucho más descentralizada, incluso que el mismo Bitcoin y más "ajustable" a los *Procesos Microeconómicos* que el propio Dinero FIAT.

EL DEFAULT NINJA

La Exuberancia Irracional, se asocia con la inestabilidad de los Mercados especulativos y fue el término que utilizó el señor Alan Greenspan en el año 1996, cuando era el Presidente de la Junta de la Reserva Federal Americana, con el objetivo de describir la conducta "poco mesurada" de los inversionistas en el Mercado de Valores. Una vez pronunciada esta frase, por parte del señor Greenspan, las Bolsas en todo el mundo se fueron a pique; por ende, se ha asociado el término "Exuberancia Irracional", con el momento en el cual, los Mercados han pasado sus propios límites. El señor Greenspan, define la Exuberancia Irracional como una "situación", en la cual, la noticia del aumento de los precios estimula el "entusiasmo" de los inversores y tal actitud, se extiende de una persona a otra, como si fuese un verdadero "contagio". En el proceso, se amplifican y hasta "magnifican" aquellas noticias que pueden justificar el aumento de los precios; a fin de atraer a grupos cada vez más nutridos de posibles inversores. La Exuberancia Irracional, es bastante parecida a esas "malas decisiones" que se suelen tomar en momentos de mucha euforia y es la base psicológica de todas las burbujas especulativas. El mayor ejemplo de Exuberancia Irracional, lo hallaremos durante la década de los años 90 del pasado siglo XX; donde, en tan sólo cinco años el Mercado se triplicó, gracias a fenómenos especulativos hasta ese momento nunca antes vistos, como la denominada "Burbuja de las .com". Para esa época, incluso el índice Standard and Poors tuvo que ser corregido varias veces, debido a la Inflación que sobrevino, como consecuencia de la inestabilidad del nivel general de Precios.

La cuestión es paradójica, si bien, tanto la *economía* como las *finanzas* se precian de ser "racionales", las noticias que circulan en estos escenarios son, sobre todo desde el año 2000, auténticos "melodramas" que narran el "heroico" comportamiento de los Mercados. Así las cosas, al pico del *Boom del Milenio* en todas las Bolsas de Valores, durante el año 2000, le siguió, entre los años 2003 y 2009, la denominada *Sociedad Propietaria* que tuvo mayor arraigo en los países industrializados y que comenzará a ver su decadencia y raudo ocaso, luego del año 2010 y hasta la fecha. Sin embargo, el origen de todo este fenómeno, lo hallaremos en el año 1982; cuando, entre los meses de julio y agosto, "estalla" la mayor subida en los mercados estadounidenses que se extendió hasta el año 2000 y como la azul ola que rompe, se aplana, expande y cubre con un blanquísimo afro una amplísima y abanicada bahía, tuvo efectos inerciales hasta el 2010.

El Final del *Boom*, llegó en el año 2000 y aunque los mercados se contrajeron de manera considerable hasta el año 2003; no obstante, para ese mismo momento el Producto Interno Bruto -PIB de los Estados Unidos, no justificaba ya, un incremento en el Precio de las *Acciones* y en sus *Dividendos*. Es en este momento, cuando la Exuberancia Irracional se hace presente y en los Estados Unidos, junto con otros diez países industrializados, pese a la fuerte contracción económica y productiva de carácter mundial, el Mercado Bursátil se "recupera" en más de un 80%.

La *Ratio de Cotización-Beneficio,* es una medida que nos dice "lo caro que está el Mercado", en relación con parámetros objetivos que se fundamentan en el análisis de la capacidad de los países y las corporaciones para generar *beneficios*. El 24 de marzo del año 2000, la *Ratio Cotización-Beneficio* subió hasta un 47,2%, tan sólo ese día. Era, pues un índice en extremo elevado que no se reflejaba en el comportamiento de los Precios.

Así, hubo tres períodos en los que la *Ratio Cotización-Beneficio* alcanzó valores muy altos:

1. La primera vez, fue en los Estados Unidos, cuando en

el mes de junio de 1901, la *Ratio* alcanzó un 25,2%. El "pico", ocurrió después de la duplicación de las ganancias, durante los últimos cinco años. Para el mes de junio de 1920, el *Mercado de Valores* había perdido un 67% de su "Valor Real", a junio de 1901.

2. El segundo caso, aconteció en septiembre de 1929, la segunda *Ratio* más alta de la historia, con un valor máximo de 32,6 y con posterioridad, con una caída real del índice Standard and Poors del 80,6%, en junio de 1932. El rendimiento medio real del Mercado de Valores, para ese entonces, fue del 13,1% anual, durante los cinco años posteriores a 1929.

3. El tercer caso, se da en 1966, cuando la *Ratio* alcanza un máximo de 24,1%. Este "pico", llega luego de una "explosión" real de los precios del 52% que comienza en el año 1960; aunque el rendimiento medio real del Mercado de Valores fue negativo y estuvo por el orden del -2,6% anual, luego de 1966. Este evento, impactaría la economía mundial durante los próximos veinte años, en lo referente al rendimiento medio real del mercado y será sólo hasta el año 1992, cuando se ha de recuperar de manera parcial, a partir del incremento del nivel de precios en el sector inmobiliario.

La Exuberancia Irracional, nos permite identificar el comportamiento psicológico de los Mercados que, en gran medida, colaboran con el advenimiento de las Crisis; de allí, podemos abordar ahora la *Crisis Subprime del 2008*, desde una perspectiva analítica en la cual, se asume que las *Entidades Reguladoras* tenían pleno conocimiento del comportamiento "irracional" del Mercado para ese momento y no actuaron en consecuencia.

La *Crisis Subprime del 2008*, comienza en el año 2002 cuando el para ese entonces Presidente de los Estados Unidos, señor George W. Bush -Hijo-, inicia un programa que, en apoyo con ciertas instituciones privadas, pretende darle la "oportunidad" a todos los estadounidenses, con cualquier tipo de ingreso, de adquirir una vivienda y alcanzar así, el supuesto "sueño americano". Básicamente, se vendió la idea de que el fundamento del *American Dream,* era el tener una "casa propia", lo cual, si se quiere, es "tercermundista" y, por cierto, bastante alejado del verdadero "Sueño Americano"; de allí, el sector privado "facilitó" el financiamiento a personas con ingresos bajos y hasta inexistentes.

Para ese mismo año, la Reserva Federal Americana -FED redujo las Tasas de Interés del 6% al 1%, en pocos meses; había pues, "dinero barato y en abundancia" lo que significó el comienzo de una agresiva expansión del crédito hipotecario que, como ya se mencionó, alcanzó a las clases sociales "más desfavorecidas" que incluso, no tenían *ingresos, activos,* ni mucho menos, *empleo.* Se habla así, por primera vez, de un tipo de deudor hipotecario **NINJA**; cuyo singular denominativo, proviene de las siglas en inglés: **NO** INCOME, **NO** JOB or **A**SSETS y cuya principal característica, es una alta probabilidad de impago.

La facilidad para los **NINJAs** de obtener un crédito hipotecario, tuvo dos efectos:

1. Las familias **NINJAs** beneficiadas, se dedicaron a especular con los precios de los inmuebles y sobre todo, con los costes de las hipotecas. Tal nivel de especulación, trajo consigo el desarrollo de una burbuja inmobiliaria que "disparó" los precios.

2. El Valor de las viviendas era el respaldo de las hipotecas y en la medida como los precios se incrementaron, lo hicieron también el número de hipotecas. Estos "Activos" fueron además "empaquetados" con otros y dieron paso a una nueva variedad de "productos financieros" que se transaron con total libertad y sin ningún tipo de regulación, POR TODO EL MUNDO.

Los bancos de inversión, conscientes de lo que pasada, comenzaron a repartir activos "a diestra y siniestra" por todo el planeta; lo cual, originó un "recalentamiento" de la economía mundial. Para el año 2003, la Reserva Federal Americana -FED inicia una subida en los Tipos de Interés que llega a un primer 3% y alcanza, entre los años 2005 y 2006 un 5,5%; dos años más tarde, con la ingente acumulación de los impagos en el 2008, la

Burbuja Hipotecaria "estalló" y con ella, los precios de estos "**Activos NINJA**" se desplomaron. Las familias **NINJA** que estaban endeudadas, optaron por "devolver" la casa al banco; dado que les era mucho mejor que continuar pagando un préstamo de 300 mil dólares, por un inmueble cuyo precio, para ese momento, no superaba los 50 mil dólares.

Fue así, como los deudores **NINJA** entraron en *Default,* arrastraron consigo a todas las carteras de los productos financieros y los bancos en todo el mundo entraron en colapso, debido a que estaban "hasta el tope" de hipotecas *Subprime*. El *Pánico Generalizado* que sobreviene a todo periodo de *Exuberancia Irracional,* dio inicio con la quiebra de Lehman Brothers; a lo cual, se le conoce al día de hoy como "El Momento Lehman".

Comienzan, entonces, los escandalosos "rescates bancarios" por todo el mundo y con ellos, la crisis sistémica que al día de hoy nos imbuye y azota. Finalmente, existe un libro del señor Robert J. Shiller que lleva por nombre: La Exuberancia Irracional que ha sido uno de los pocos textos, realmente capaces de analizar la Burbuja de las .com; la cual, consiguió movilizar a muchas personas que se veían atraídas por una impresionante y nunca antes vista rentabilidad; era un mercado que "nunca pararía de subir", hasta cuando la ilusión se esfumó y los tulipanes fenecieron. Toda persona, versada en el *Trading,* es decir, en la Operación en el Mercado Mundial de Divisas -FOREX, sabe que el análisis del componente psicoemocional, no sólo es esencial, sino que se "refleja" en el comportamiento de los Precios. Desde los Carnavales, hasta la Economía, somos y seremos, siempre, una especie exuberante; tal vez por ello, al día de hoy, se están incorporando a los Análisis Económicos y Financieros, aquellos elementos psicológicos y culturales que nos pueden llevar a la Exuberancia Irracional; para así, saberlos gestionar.

¿QUÉ ES REALMENTE EL SUEÑO AMERICANO?

¿**P**or qué se habla del Sueño Americano? y no, del "sueño francés", del "sueño suizo" o hasta del "sueño inglés". Alguna vez, en el transcurso de nuestras vidas, es muy probable que nos hayamos preguntado: ¿Qué es realmente el Sueño Americano? Veamos pues, ¿Qué tiene de particular el gentilicio estadounidense para relacionarlo con un estadio idílico de la existencia en este plano? Comencemos por aseverar que la gran mayoría de las personas, tienen una idea por completo errada y hasta tergiversada de cuanto implica "el sueño americano"; más que una "frase alegre", estaríamos hablando de un Concepto que por cierto, está bastante lejos de "alcanzar la libertad financiera" o tener un "estilo de vida" con una muy alta capacidad de consumo y hasta derroche; esto, no es el "sueño americano".

Para poder comprender bien, de qué trata realmente el "sueño americano", ha menester viajar en el tiempo, hasta la misma fundación de los Estados Unidos de Norteamérica. Como sabemos, en un primer momento los Estados Unidos fueron una colonia británica, hasta cuando un buen día, los futuros estadounidenses "se cansaron" y dieron una ardua pelea, hasta lograr su emancipación y fue así, como el 4 de julio de 1776 se firmaría su Declaración de Independencia. Es muy probable que, además, hayas escuchado en algún momento de tu vida, hablar de los "Padres Fundadores"; ellos, fueron un grupo de notables estadounidenses que, en aquella época, dieron inicio a la nación norteamericana, al revelarse ante los ingleses. Estos "Padres Fundadores", tenían en mente el ser un "territorio libre" y a la vez, una "nación diferente"; en tanto "feliz". Ahora bien, esto de ser "libre" no fue para los "Padres Fundadores", una mera "pose histórica"; en lo absoluto, pues, lo primero que hicieron estos notables señores, cuando leyeron la Declaración de Independencia, dijeron que existen una serie de Derechos que son inalienables a la Condición Humana y que están "por encima de todo"; cada humano, según ellos, nace con estos derechos y ningún gobierno o rey está por sobre estos Derechos, como lo son:

1. El Derecho a la Vida.
2. El Derecho a la Libertad.
3. Y el Derecho a la Búsqueda de la Felicidad.

Al día de hoy, pensamos que "es normal" eso de "ser libre y feliz" y que mal o bien, en la mayoría de los países existen protocolos legales que protegen la vida; no obstante, es pertinente en este caso, considerar cómo son los Estados Unidos, la primera Nación en "decir" que el "poder de un rey" no estaba más por sobre el derecho a la vida de una persona.

Es bueno recordar cómo, durante la Edad Media el "Siervo de la Gleba", vivía y trabajaba toda su vida en el *Feudo;* comenzaba en las labores del campo, desde muy joven, más o menos, a los cinco años y el término "gleba", más allá de su significado iniciático que es "el terrón que levanta el arado", era una figura jurídica que eliminaba su condición de "individuos libres" y los convertía en una especie de "entidades", adscritas a la propiedad de la tierra que detentaba el señor feudal. En estas circunstancias, tanto el *Obispo*, como el *Rey*, *Duque* o la autoridad que, en su momento, fuese "el señor de la tierra", podía disponer de la vida de los "Siervos de la Gleba", sin ningún tipo de repercusión jurídica en su contra. Hasta la fundación de la Nación Estadounidense, era "normal" y hasta un "derecho divino" que una sola persona estuviese "por encima" de todas las demás, en un territorio determinado; fueron los "Padres Fundadores" de esta notable nación, quienes dijeron por primera vez: "No, las personas tienen derechos inalienables y nadie se los puede arrebatar".

Sólo si una persona atentara contra los derechos del otro, se podía ir contra los derechos de esa persona; caso de la Pena de Muerte por asesinato que está aún vigente en algunos lugares de los Estados Unidos. Así, el respeto por el *Derecho a la Vida* como la base para lograr la *Libertad* que ha menester para alcanzar la *Felicidad*, es el verdadero Sueño Americano.

EL "DINERO IDEAL"

Desde el año 2007 a la fecha, se ha venido gestionando una dolorosa transición, entre el Modelo Industrial Mecanicista, heredado del pasado siglo XX y que, junto con el petróleo como fuente energética única mundial, colapsó durante el año 2014. A partir del venidero año 2021, muy probablemente, ha de comenzar la implementación de un nuevo Modelo de Producción Industrial Cognitivo que una vez instaurado, nos llevará al final de la actual Crisis Sistémica que protagonizamos y que históricamente, podrá durar entre doce y quince años. De este modo, el nuevo Modelo Económico que acompañará a la Cuarta Revolución Industrial, será diametralmente opuesto al que hemos conocido hasta ahora; por cuanto, se ha de cimentar en la frugalidad que exige la Sostenibilidad. Así las cosas, en el nuevo Modelo Económico de la Cuarta Revolución Industrial, el Patrón Oro será otra vez muy importante; precisamente, por aquello que "no permite hacer" y, en consecuencia, ha empoderarnos para regular tres cosas que, al día de hoy, están fuertemente distorsionadas:

   1. Precios.
   2. Tipos de Interés y
   3. Tipos de Cambio.

Al final del día, todas las formas de interacción en el Mercado son diferentes *Formas del Precio;* el *Tipo de Cambio,* es el *Precio de una Divisa con respecto a otra* y el *Tipo de Interés,* viene a ser *el Precio que tiene el "tiempo", el "riesgo" y la "liquidez";* no obstante, se suele pensar de manera errónea que son los *Precios a los Bienes de Consumo,* los que mayormente regula el *Patrón Oro.*

El *Patrón Oro* tiene una limitación "Natural", como lo es que está restringido a la cantidad del metal precioso realmente disponible, sea en bóveda o en origen. Al ser un estándar con *Tipos de Cambio Fijo,* el *Patrón Oro* "bloquea" la posibilidad de hacer uso de las *Depreciaciones* como herramienta de *Política Monetaria;* sin embargo, su gran "virtud" es su capacidad para *Limitar la Oferta Monetaria.* Así las cosas, el pronto retorno al *Patrón Oro* es necesario, a fin de lograr detener el actual incremento desmedido de la *Oferta Monetaria Mundial.* El *Patrón Oro,* es el verdadero factor capaz de garantizar la *Estabilidad de Precios* o en su defecto, una deflación tolerable. Del mismo modo, el control de la *Oferta Monetaria* impide la sobre-expansión del *Crédito Bancario* y detiene la *Depauperación de la Moneda,* en tanto *Institución de un Estado Nación.* Bitcoin hace algo bastante similar, pues, al contar con tan sólo 21 millones de unidades, ni una más, ni una menos, genera una nueva economía con tendencia al ahorro que permite, incluso, realizar una *deflación programada* de las monedas FIAT. Ahora bien: ¿Qué pasaría si la *Demanda de Oro,* llegase a superar la *Oferta* en el *Mercado*?

Como es lógico, en un primer momento el *Precio del Oro* aumentará y con ello, los *Precios* del resto de los *Bienes* de la economía bajarán; a esto, se le denomina una "deflación Aurea". Si tenemos *Deflación,* porque el *Oro* se revaloriza, la *producción de Oro* se volverá mucho más rentable; debido a que los "costes de extracción" se reducen. Con un Oro a un más alto precio, por lo general, los salarios de los mineros y demás trabajadores, se mantienen sin variación; no suben, pero tampoco bajan. La *Deflación Aurea,* implica la reducción de los precios o en su defecto, el incremento del poder de compra, como consecuencia de la acumulación de Oro; en tanto *Depósito de Valor* y resguardo del patrimonio, sea empresarial o personal.

Adicional a todo lo antes expuesto, vemos cómo los "Tres Motivos de Demanda de Dinero", están también presentes en el Patrón Oro y son:

1. *Transacción.*
2. *Especulación y*
3. *Precaución.*

Ludwig Von Mises, nos señala cómo: *"el Dinero Ideal, es aquel que mantiene un Poder Adquisitivo estable";* por lo tanto, el Oro es el dinero más "ideal" que puede haber, en tanto, tiende a estabilizar el nivel general de *Precios*. El hecho de que el *Valor* sea algo *subjetivo*, no implica que no pueda ser, además, *prescriptivo* y que carezca de aspectos *objetivos* y *utilitarios;* así, el *dinero* es una *Forma de Valor Prescriptivo* que se utiliza como una herramienta para comunicar aquellos aspectos que presentan beneficios, utilidad y que de manera "objetiva", pueden ser percibidos y ponderados por el otro. El *Oro,* ha sido utilizado por la humanidad durante milenios, como *Moneda y Depósito de Valor;* incluso, hasta hace poco menos de 50 años, los billetes que hasta el día de hoy manejamos, tenían su equivalencia en Oro; algo que fue suspendido en el año 1971 y que muy probablemente, dada la recesión mundial en cierne, ha de retornar durante la actual década 2020-2030.

SOBRE EL AUTOR

Iván Calderón. Bucaramanga, Colombia. 3 de marzo de 1970.

Formación Académica:

- Historiador, Mención: Historia Universal. Universidad Central de Venezuela -UCV. Caracas, Venezuela.
- Cine y Televisión. FUNDACINE-UC, Universidad de Carabobo -UC. Valencia, Venezuela
- Programador. Fundación Universidad de Carabobo FUNDAUC. Valencia, Venezuela.
- Artes Visuales, Dramaturgia y Medios Audiovisuales. Centro Universitario de Arte -CUDA, Universidad de los Andes -ULA. Mérida-Venezuela.
- Especialista en Publicidad y Mercadeo. Decanato de Postgrado, Universidad "Santa María" -USM, Caracas-Venezuela.
- Técnico Superior en Publicidad y Mercadeo. Instituto Universitario de Nuevas Profesiones -IUNP. Valencia, Venezuela.
- Técnico Especialista en Redes, Internetworking Basic. Instituto de Capacitación Empresarial I.C.E. INSIDENET GROUP-KTC. Caracas Venezuela.
- Pedagogo. Instituto Nacional de Cooperación Educativa -INCE. Caracas, Venezuela.

Formación Artística:

- Dibujo y Pintura. Escuela de Arte "Arturo Michelena". Ateneo de Valencia. Valencia, Venezuela.
- Cine y Televisión, FUNDACINE-UC, Universidad de Carabobo -UC. Valencia, Venezuela. Escuela Nacional de Cine y Televisión, Universidad de Los Andes -ULA. Mérida, Venezuela.
- Diseño Gráfico y Artes Visuales. Centro Universitario de Arte -CUDA, Universidad de Los Andes -ULA. Mérida, Venezuela

Carrera Profesional:

- Dibujante y Animador de Cortometrajes para Cine, en el Departamento de Cine de la Universidad de Los Andes –ULA, en Mérida, Venezuela.
- Asistente de Investigación y Fotógrafo FreeLancer, del Instituto de Investigaciones del Folklore y la Cultura Popular Andina, de la Facultad de Humanidades y Educación de la Universidad de Los Andes –ULA, en Mérida, Venezuela.
- Ejecutivo de Mercadeo en el Área de Retail y Supervisor Nacional de Imagen Corporativa, para toda la Fuerza de Ventas Externa –Agentes Autorizados- de Telcel-Bellsouth de Venezuela. Especializado en Productos y Servicios en Telecomunicaciones: Telefonía Móvil Celular, Proveedor de Servicios de Internet –ISP y Enlaces T1. Caracas, Venezuela.
- Fundador, Investigador y Microempresario en Tecnologías GNU-Linux. Empresa Apogee System de Venezuela. Dedicada a la implementación de Herramientas de Software Libre/GNU-Linux, en el Sector Petroquímico, así como al desarrollo de Metodologías y Tecnologías Educativas y para el desarrollo Micro-empresarial. Valencia, Venezuela.
- Como Artista FreeLancer, residí de manera legal en Suiza por 5 años; durante el año 2013, en Zúrich tuve con-

tacto de primera mano con la Tecnología Blockchain – *Ethereum-* y desde entonces investigo por cuenta propia en el ámbito de la Creación de Criptovalores.

- Al día de hoy, soy Investigador Independiente en Tecnologías Exponenciales y en Ciencia de Datos; en tanto trabajo como Trader Independiente en el Mercado Mundial de Divisas FOREX.

www.ingramcontent.com/pod-product-compliance
Lightning Source LLC
Chambersburg PA
CBHW031551210526
45464CB00003B/1253